JULIANA PROBST

GUIA PRÁTICO DO ESTÁGIO EM SERVIÇO SOCIAL I, II E III: A ELABORAÇÃO DA CARACTERIZAÇÃO SOCIOINSTITUCIONAL, DO PROJETO INTERVENTIVO E DO RELATÓRIO FINAL

Freitas Bastos Editora

Copyright © 2022 *by* Juliana Probst
Todos os direitos reservados e protegidos pela Lei 9.610, de 19.2.1998.
É proibida a reprodução total ou parcial, por quaisquer meios, bem como a produção de apostilas, sem autorização prévia, por escrito, da Editora.

Direitos exclusivos da edição e distribuição em língua portuguesa:
Maria Augusta Delgado Livraria, Distribuidora e Editora

Editor: Isaac D. Abulafia
Diagramação e Capa: Julianne P. Costa

Dados Internacionais para Catalogação
na Publicação (CIP) de Acordo com ISBD

P962g

PROBST, Juliana.
 Guia Prático do Estágio em Serviço Social I, II e III: A Elaboração da Caracterização Socioinstitucional, do Projeto Interventivo e do Relatório Final / Juliana Probst. - Rio de Janeiro : Freitas Bastos Editora, 2022.
 84.p. ; 14 cm x 21 cm.

 Inclui bibliografia.
 ISBN 978-65-5675-093-4

 1. Serviço Social. 2. Estágio. 3. Guia Prático. I. Título.

2021-4780

CDD 360
CDU 364

Elaborado por Vagner Rodolfo da Silva - CRB-8/9410

Índice para catálogo sistemático:
1. Serviço Social 360
2. Serviço Social 364

Freitas Bastos Editora
atendimento@freitasbastos.com
www.freitasbastos.com

Ao meu esposo e grande amor, Kleber. Obrigada por caminhar ao meu lado na jornada da vida!
Aos meus pais, meus eternos amores e pilares do que hoje sou.
Aos meus avôs e madrinha, meus incentivadores.
Ao meu filho do coração, Natan.
Aos familiares e amigos que me impulsionam a seguir meus sonhos.

SOBRE A AUTORA

Juliana Probst é assistente social formada pela Universidade Estadual de Londrina – UEL. Bacharel em Direito pelo Instituto Filadélfia de Londrina – UNIFIL. Especialista em Gerenciamento de Projetos pela Fundação Getúlio Vargas – FGV. Mestranda em Metodologias para o Ensino de Linguagens e suas Tecnologias na Universidade Norte do Paraná – UNOPAR.

Empresária no ramo educacional. Professora da Anhanguera Educacional. Tutora a distância da Kroton Educacional. Colunista do Site F5Jurídico. Idealizadora da página no Facebook @ssocialemacao1993 e no Instagram @ssocial_em_acao1993.

Esteve como professora conteudista autônoma da VG Educacional e Unifamma. Atuou como Perita Social na Justiça Federal do Paraná, Comarca de Londrina com mais de 5 anos em campo. Atuou nos Serviços de Proteção Social Especial de Média e Alta Complexidade no Município de Londrina-Paraná.

Tem como destaque, premiação com Louvor no ano de 2020, em sustentação oral e artigo científico obtido na II Semana Nacional de Direito da Kroton, com tema "A Família e o Reconhecimento de Paternidade Socioafetiva no Ordenamento Jurídico Brasileiro".

SUMÁRIO

Apresentação IX

**Capítulo 1 – O estágio supervisionado na formação
profissional do Assistente Social** 1

1.1 Estágio curricular e processo de formação
profissional 4

1.2 Desvelando o processo de trabalho do
assistente social 6

1.3 Apropriação dos saberes para a formação
profissional e atuação em campo 9

Capítulo 2 – Estágio I: Conhecendo o campo de estágio 15

2.1 Construção dos saberes: o campo de atuação,
leis e políticas nas instituições, serviços, programas
e projetos socioassistenciais 16

2.2 A interlocução entre teoria e prática: uma análise
   da realidade social 19
2.3 Elaborando o relatório de caracterização
   socioinstitucional 21

**Capítulo 3 – Estágio II: A elaboração do Projeto
Interventivo** 23
3.1 Conhecendo um Projeto de Intervenção 24
3.2 Elementos Constitutivos dos Projetos Interventivos 30
3.3 Modelo de Projeto Interventivo 42

Capítulo 4 – Estágio III: Relatório Final de estágio 43
4.1 Avaliação do período em campo: estágio e
   construção da formação profissional 44
4.2 Materializando saberes: experiências, desafios,
   limites e possibilidades do agir profissional 47
4.3 Construindo o relatório final de estágio 52

Capítulo 5 – Considerações finais 63

Referências Bibliográficas 67

APRESENTAÇÃO

Como profissão inscrita na divisão sociotécnica do trabalho, o serviço social se constitui como essencial diante do cenário mundial frente ao combate às desigualdades, na proposição de alternativas à realidade social e no processo de desenvolvimento social sustentável da sociedade.

Pensar a profissão na contemporaneidade requer identificar os atores/sujeitos envolvidos no processo de construção e reconstrução desta, o que, consequentemente, nos implica em observar o corpo técnico formado e em formação que dão vida a profissão.

Nesta conjuntura, o que posto está é fruto das ações coletivas e individuais da categoria profissional, que se moldam no processo de construção da identidade profissional durante a graduação e consolidam-se no decorrer da jornada profissional já como profissionais devidamente habilitados e maduros.

Identificando que é na inserção no curso de graduação em serviço social que temos o primeiro contato educacional com a profissão, é mister que este processo pedagógico deva ser cientificamente embasado, com diretrizes pedagógicas claras e concisas, professores e demais corpo técnico com *expertise*, universidades engajadas no processo de ensino e aprendizagem de qualidade e alunos dispostos a se dedicar aos estudos.

No processo de formação, destaca-se o estágio como momento ímpar de contribuição para a educação e preparação profissional, da qual os processos de trabalho tão narrados na graduação são desvelados na prática, trazendo à tona as possibilidades e desafios presentes na profissão.

Como professora, ao longo de minha jornada profissional, tenho identificado a dificuldade dos discentes em materializar os saberes e experiências vivenciadas em campo nos trabalhos de estágio que são entregues ao final de cada período, conforme a série em que estão matriculados. Se você é um destes alunos, não se preocupe! Ao longo desta jornada de leitura você se tornará apto a desenvolvê-los com maestria.

Desta forma, justifica-se um estudo mais apurado para facilitar e guiar profissionais e estudantes, trazendo clareza e sanando dúvidas sobre os trabalhos universitários a serem entregues para o fechamento dos estágios, sobretudo no que tange ao conteúdo que cada um deles deve conter.

Este livro contará com uma explicação detalhada dos materiais a serem elaborados e entregues pelos alunos em cada um dos estágios, desde a perspectiva observatória e de caracterização socioinstitucional no estágio I até a produção de projetos-ação, também chamados de projetos de intervenção e do relatório final de estágio, por meio da apresentação de modelos de trabalho, como um norte para que cada aluno esteja apto a construir seu próprio material.

Para tal, iniciaremos com um breve resgate do estágio, perpassando por seu conceito e legislações em vigência no ordenamento jurídico brasileiro para relacioná-lo com o processo de formação profissional até adentrarmos de fato especificamente na demanda advinda de cada um dos estágios curriculares.

Desejo uma leitura agradável e que este conteúdo te auxilie na construção de sua jornada acadêmica e profissional, preparando-o para ser um exímio agente de transformação social.

Bons estudos!

CAPÍTULO 1: O ESTÁGIO SUPERVISIONADO NA FORMAÇÃO PROFISSIONAL DO ASSISTENTE SOCIAL

A ascensão do assistente social no mercado de trabalho e o significativo do número de profissionais disponíveis para atuação nos conduzem à reflexão sobre o processo formativo, as especializações do mundo do trabalho e o aumento das mazelas sociais.

Nesta inflexão, destaca-se a relevância que o processo formativo tem sobre a prática profissional e como ele qualifica e prepara estudantes para o mercado, tornando-os notórios dentre os inúmeros assistentes sociais disponíveis para o trabalho.

Parte desse preparo decorre do estágio supervisionado, que se constitui como peça-chave para a aproximação entre teoria/prática e análise de conjuntura para proposição de projetos-ação, superando o viés de atuação imediatista e pontual, para a atuação assertiva sobre a chamada "questão social".

Amparado por diretrizes, regulamentações e legislações, o estágio curricular traz ao aluno a oportunidade de dialogar com a prática profissional e consolidar os conhecimentos até então apreendidos, abrindo-se para o momento de desvelar a realidade social e conhecer os desafios diários do exercício profissional, por meio da experimentação e do uso do instrumental técnico operativo, teórico-metodológico e ético-político da profissão, essencial para a compreensão da práxis.

No Brasil, o estágio supervisionado é regulamentado pela Lei nº 11.788/08, que dispõe em âmbito nacional sobre sua classificação, suas definições, disposições e competências entre as partes.

O artigo 1º da referida Lei, considera como estágio o ato educativo escolar supervisionado que compõe o projeto pedagógico dos cursos, desenvolvido no ambiente de trabalho, visando à preparação para o trabalho, integrando o itinerário formativo do estudante.

Segundo a Lei do Estágio, este ato educativo pode ser aplicado para educandos que frequentam o ensino superior, a educação profissional, educação em nível médio, na educação especial e dos anos finais do ensino fundamental e na modalidade profissional da educação de jovens e adultos.

A legislação em tela trata ainda o estágio como um momento de aprendizado de competências específicas da atividade profissional, com o intuito de contextualizar o currículo para o desenvolvimento da cidadania e do trabalho.

No artigo 2º, a Lei nº 11.788/08 estabelece que o estágio curricular pode ser obrigatório, aquele que que é definido no projeto do curso e cuja carga horária é requisito para obtenção de diploma e/ou não-obrigatório, ou seja, aquele que é opcional, tendo sua carga horária acrescida aquela que é regular e obrigatória.

É importante frisar que o estágio não gera vínculo empregatício de qualquer natureza, nos ternos do artigo 3º e parágrafos, da Lei do Estágio, exceto se descumpridos os requisitos da lei, que envolvem a obrigatoriedade de:

> Art. 3º, I - Matrícula e frequência regular do educando em curso de educação superior, de educação profissional, de ensino médio, da educação especial e nos anos finais do ensino fundamental, na modalidade profissional da educação de jovens e adultos e atestados pela instituição de ensino;
> II - Celebração de termo de compromisso entre o educando, a parte concedente do estágio e a instituição de ensino;
> III - compatibilidade entre as atividades desenvolvidas no estágio e aquelas previstas no termo de compromisso.
> (BRASIL, 2008).

Para além da Lei nº 11.788/08, existem outras normas que norteiam as práticas no âmbito do estágio curricular, sendo elas a Lei de Diretrizes e Bases da Educação Nacional – LDB (1996) e a Política Nacional de Estágio – PNE (2009).

É válido lembrar que a Lei do Estágio acima citada regulamenta o estágio de forma genérica, possuindo cada curso maiores especificidades, conforme previsto em seus projetos pedagógicos e legislações da área, mas sempre respeitando a Lei nº 11.788/08, sendo maiores definições um complemento a ela.

No âmbito do Serviço Social, podemos destacar documentos norteadores que acompanham o processo formativo e que vem sendo debatidos e atualizados ao longo da história da profissão.

Dentre os mais conhecidos, estão as Diretrizes Curriculares da ABEPSS (1996), a Lei de Regulamentação da Profissão n° 8.662/93, o Código de Ética do Assistente Social (1993) e a Resolução do CFESS n° 533/2008, as quais abordaremos mais especificamente ao longo de nossos capítulos.

1.1 ESTÁGIO CURRICULAR E PROCESSO DE FORMAÇÃO PROFISSIONAL

É em meio a este panorama globalizado da sociedade, diretamente influenciado pelas tecnologias e pela disseminação de notícias/conteúdos que podemos inserir e contextualizar o Serviço Social como profissão e analisar os aspectos curriculares do curso (sobretudo o estágio) no processo de formação de novos profissionais.

Ora, se o objeto interventivo do Assistente Social é a questão social, produzida pelo sistema econômico em vigência que acentua as desigualdades, vê-se como indispensável que sua formação e prática acompanhem as nuances da vida em sociedade, o que, consequentemente implica em aparamentar-se teórica e instrumentalmente para consubstanciar sua práxis e potencializar suas proposições.

Isso tudo para promoção da equidade, emancipação dos usuários e efetivação de direitos, imputando a discentes e profissionais, a estimulação do pensamento crítico, de forma a compreender o cenário em que se inserem, suas manifestações e expressões que refletem na vida em sociedade. Reafirmando o acima exposto, Pereira (2008, p. 194), considera que a formação do profissional está inserida nos tempos atuais em meio à realidade social, e, portanto, faz-se fundamental uma reflexão em relação às demandas e dinâmicas do mundo do trabalho, com uma perspectiva contemporânea.

Levando em conta que novas necessidades são criadas todos os dias (influenciadas pela massificação de informações e uso de novas tecnologias), requerendo-se respostas ágeis e com tutela de urgência, analisar a complexidade das relações sociais, políticas e econômicas, que determinam o que conhecemos hoje como educação (independentemente do nível acadêmico), levando em conta sua historicidade, seus embaraços e desdobramentos requer muito mais que análises pontuais emergentes, sendo fundamental um olhar apurado por território, considerando suas especificidades para atuar de forma efetiva, eficaz e particularizada.

É nesta seara que o Estágio Supervisionado entra como elemento-chave para a aproximação dos saberes aos estudantes, proporcionando uma formação qualificada e atrelada a realidade social, tornando os discentes hábeis para atuação frente às mazelas sociais, bem como competentes no uso de técnicas, instrumentos de transformação da realidade social.

Como foi divulgado em campanha pelo CFESS/CRESS, no ano de 2014, intitulada como "meia formação não garante direitos", deve-se garantir aos estudantes uma formação abrangente, com aprofundamento teórico-crítico, habilitando profissionais para a promoção da cidadania, da inclusão, da redução das desigualdades, da equidade e da justiça social pautadas no código de ética, lei que regulamenta a profissão e demais legislações pertinentes.

Nesta seara, deve fazer parte da luta da categoria profissional, a garantia de um currículo mínimo e de processos formativos que contemplem a realidade social, distanciando-se de práticas incipientes e desatualizadas, incorporando as nuances da realidade social, por meio do uso de estratégias de ensino e aprendizagem que direcionem os alunos para a aquisição e interlocução de conhecimentos e de uma aproximação teórico-prática real e não fictícia.

1.2 DESVELANDO O PROCESSO DE TRABALHO DO ASSISTENTE SOCIAL

Como profissão inscrita na divisão sociotécnica do trabalho, em meio à contradição Capital *versus* Trabalho, o assistente social é convidado a atuar nas mazelas da questão social, causadas pelo sistema econômico em vigência.

Visando ao lucro e à acumulação ilimitadas, a partir da mais-valia, e pensando nos interesses do capital, as políticas econômicas dos grandes detentores do poder financeiro acentuam ainda mais as discrepâncias sociais e a subalternidade.

A questão social, como expressão do processo antagônico das classes proletária e burguesa, é alvo de intervenções contínuas por parte do Estado e da sociedade civil, bem como é o objeto de estudo e trabalho do assistente social que se vê em meio ao conflito de servir a sociedade e atuar em prol do bem comum, sendo, ao mesmo tempo, parte da classe trabalhadora assalariada e explorada.

Netto (1992) menciona que os assistentes sociais, seguindo a lógica do mercado, "passam a desempenhar papéis que lhes são alocados por organismos e instâncias [...]" próprios da ordem burguesa no estágio monopolista (NETTO, 1992, p. 68).

Dentro do processo de exploração e luta de classes se estabelece a profissão. Nesta perspectiva, Guerra (2007) descreve que o cerne da profissão está em apresentar respostas qualificadas e especializadas às necessidades históricas e culturais da sociedade.

Para Guerra (2007), as necessidades da sociedade conduzem para a intervenção estatal, que se dá por meio das políticas sociais e dos serviços socioassistenciais, que se constituem em espaços sócio-ocupacionais da profissão.

É no bojo das contradições, da precarização e da terceirização de responsabilidades dos serviços, da inobservância aos direitos, da falta de acesso a benefícios e Políticas Públicas que o assistente social atuará.

Por meio do uso dos saberes técnicos e éticos, o profissional pode apropriar-se de técnicas e instrumentos como a observação, o planejamento, a elaboração do plano de atendimento individualizado, o trabalho em grupo, o atendimento multidisciplinar e em comunidades, da vigilância socioassistencial, dos estudos de caso e da realização de laudos, pareceres, perícias e encaminhamentos para direcionar sua intervenção conforme cada caso requerer.

É importante lembrar que, devido à dinamicidade dos fatos, os atendimentos e as ações nunca serão iguais, não existindo uma "receita" pronta de atendimento, mas ao profissional cabe a compreensão das singularidades, potencialidades e desafios, que levarão este a definir qual a melhor rota a ser traçada.

Insta mencionar que ser assistente social, na prática, incumbe renunciar a seus preceitos, cultura e crenças, em prol da neutralidade, do respeito às diferenças e do papel de colocar-se no lugar do outro, compreendendo seus medos, dificuldades, descobrindo potencialidades e, principalmente, sem viciar o olhar sobre as demandas ou estabelecer julgamentos sobre o outro.

Ao profissional cabe orientar e direcionar, mas sempre o detentor do controle é o usuário. Não cabe a nós definirmos pelo outro o seu futuro e seu trajeto, muito menos empregar nossas vontades e verdades, mas cabe levá-lo a refletir sobre sua situação de vida e expor meios e formas de resolver conflitos e superar vulnerabilidades, sendo dele a decisão final.

Consubstanciando a discussão em torno do tema, a autora Yolanda Guerra destaca que as intervenções profissionais derivam das escolhas dos indivíduos e suas intencionalidades, sendo suas decisões decorrentes de seus valores éticos, morais e políticos.

Destas derivações surgem as intervenções do profissional, do qual se espera respostas conectadas aos referenciais teórico-metodológicos, ético-políticos e técnico-operativos, superando ações imediatistas e pontuais em prol de proposições efetivas, eficazes e eficientes.

A interlocução entre a teoria e a prática questiona o processo de formação profissional do assistente social. Guerra (2021) conduz a discussão sobre o tema, mencionando que a formação profissional é marcada pelos dilemas contemporâneos, e o profissional é responsável por adquirir competências e habilidades que sejam capazes de responder à dinâmica dos processos sociais nos mais diversos níveis de complexidade.

Para a Autora, o grande desafio profissional está em formar profissionais que atendam a essas qualificações e exigências que se transformam em estratégias sociopolíticas para atender aos antagonismos da categoria profissional, ou seja, capazes de assistir ao mercado de trabalho, mas não se limitar a ele.

Na prática, espera-se que o profissional que seja capaz de responder e solucionar demandas por meio do acesso aos direitos, do fortalecimento de vínculos, da restauração e da ressignificação de vida, da emancipação, da ampliação e da consolidação da cidadania, além de multiplicar facilitadores sociais em meio ao território.

1.3 APROPRIAÇÃO DOS SABERES PARA A FORMAÇÃO PROFISSIONAL E ATUAÇÃO EM CAMPO

Como parte dos instrumentos de trabalho do assistente social, as leis, resoluções, tratados e outras diretrizes pedagógicas da categoria profissional constituem-se como elementos teóricos essenciais que antecedem a prática.

Sem conhecer os instrumentos normativos, o profissional em campo fica às "escuras" em sua atuação, deixando de ter embasamento, direção e efetividade, já que não conhece os percursos legais utilizados em sua jornada profissional. Cabe acrescentar que os arcabouços jurídicos e teórico-metodológicos proporcionam ao aluno e ao profissional um norte para responder a perguntas como:

---

1. Qual lei/resolução delibera sobre determinado assunto?
2. Qual serviço/Política devo acionar?
3. O usuário faz jus a recorrer ao direito nesta demanda em que buscamos resposta?
4. A quem devo procurar para operacionalizar este direito?

Reconhece-se, portanto, o quão importante é o conhecimento e uso dos instrumentais teórico-metodológicos na prática, que imprimem desafios aos estudantes e profissionais que enfrentam as contradições entre o ideal e o real, lidando diariamente com a escusa sobre o cerceamento e até a supressão de direitos.

No contexto da formação profissional é válido reforçar que o momento de aproximação do discente com tais contradições não pode se restringir ao momento de inserção no campo de estágio, fase que evidencia a criticidade, o processo de construção do fazer profissional e o levantamento de bandeiras em prol de alterações no cenário social, mas deve ser gestado tão logo sejam iniciadas as disciplinas formativas fundantes do curso.

Em campo de estágio, ao se deparar com a realidade social narrada, o futuro profissional se vê impelido a buscar alternativas para propor soluções às demandas, buscando a emancipação dos indivíduos e a superação de vulnerabilidades. É neste momento que se recorre às normativas, procurando meios para amparar a atuação profissional.

Cabe dizer que aquele (aluno/profissional) que se preparou antecipadamente, cercando-se de conhecimento teórico, político e ético, consegue projetar caminhos para atuação, facilitando seu processo de atuação, respondendo às perguntas anteriormente mencionadas de forma ágil, planejada, efetiva e eficaz, sobretudo se pensarmos neste profissional inserido no complexo contexto hegemônico de flexibilização de direitos e de reestruturação produtiva.

Para além das normativas, o assistente social se apropria de outras ciências, dentre as quais podemos citar as ciências sociais, para realizar uma interlocução entre os saberes, consubstanciando sua práxis, o que abre um leque de novas possibilidades que, com o trabalho em rede (multidisciplinar/ interdisciplinar), enriquecem as proposições e vislumbram novos caminhos e possibilidades interventivas.

Forti e Guerra (2009) conduzem a reflexão sobre a temática aqui apresentada, ponderando que:

> [...] faz-se necessária uma teoria que nos permita perceber como os principais dilemas contemporâneos se traduzem nas peculiaridades do Serviço Social e se expressam nas requisições e competências socioprofissionais e na cultura profissional. Aqui subjaz a premissa de que a complexidade da realidade exige profissionais do Serviço

Social que não pretendam apenas responder de modo tradicional e imediatista às demandas que lhes são dirigidas, mas que entendam que respostas profissionais pressupõem compreensão dos significados sociais de tais demandas e intervenções que lhes possam atribuir outros (FORTI; GUERRA, 2009, p. 1-2).

Pensar a relação "teoria-prática" incumbe compreender o quão relevante é o processo de formação acadêmico profissional, com a ciência de que a profissão possui caráter eminentemente interventivo, logo, sua práxis é o resultado de seu processo formativo.

Refletir sobre a construção da identidade profissional implica considerar como tem sido o processo de ensino e aprendizagem, se há interlocução/diálogo entre as disciplinas e sobre o processo de avaliação do ensino, evitando, assim, a dicotomia entre teoria e prática.

Ciente de que a formação acadêmica de excelência leva à prática aprimorada, insta salientar que, para além dos conhecimentos obtidos em sala de aula, dos estudos individuais e da inserção em um local de estágio devidamente regulamentado, é essencial para o processo de formação o papel do supervisor de campo como direcionador e condutor da práxis.

Lewgoy (2009), sobre a supervisão de estágio, considera que esta corresponde ao método de ensino e aprendizagem acadêmico mais antigo existente, o qual gera campos de reflexões a supervisores e alunos, relacionados à formação e ao exercício profissional.

A indissociabilidade entre teoria e prática, academia e campo de atuação evidenciam-se no momento do estágio. Assim, cabe aos supervisores realizar as interlocuções, direcionando o aluno a aplicar as teorias e a conhecer a realidade social que dialoga com elas.

Caputi (2016) complementa a fala de Lewgoy, considerando que o estágio configura-se como um desafio aos docentes e supervisores, na medida em que passa a pensar e repensar sobre o lugar do estágio e do processo de supervisão frente aos projetos político-pedagógicos do curso e sobre as condições de trabalho e a efetivação do estágio e do processo de supervisão direta com base nas legislações em vigor.

DICAS: Princípios norteadores da realização do estágio, segundo o CRESS da 7° Região:

- consonância com os princípios do Código de Ética de 1993;
- indissociabilidade entre as dimensões teórico-metodológica, ético-política e técnico-operativa do exercício profissional;
- articulação entre formação e exercício profissional;
- indissociabilidade entre estágio e supervisão acadêmica e de campo;
- articulação entre universidade e sociedade;
- unidade entre teoria e prática;
- interdisciplinaridade, com respeito aos marcos que regu lamentam a profissão; e
- articulação entre ensino, pesquisa e extensão". CRESS/RJ (2020, p. 8).

CAPÍTULO 2:
ESTÁGIO I: CONHECENDO O CAMPO DE ESTÁGIO

Chegou o momento tão aguardado pelos estudantes: o primeiro estágio curricular obrigatório na graduação. Fase de descobertas, de materialização dos saberes, de aproximação com a prática, com os profissionais e serviços da área, o Estágio I tem por finalidade a observação da realidade social e da práxis profissional para conhecimento preliminar.

Neste capítulo, será narrado o processo de construção dos saberes por meio da apropriação de leis, políticas e normativas que consubstanciam a prática do assistente social, relacionando teoria e prática, para uma análise aprofundada da profissão para que, por fim, seja elaborado o primeiro trabalho acadêmico para a disciplina de estágio, que é a caracterização socioinstitucional.

2.1 CONSTRUÇÃO DOS SABERES: O CAMPO DE ATUAÇÃO, LEIS E POLÍTICAS NAS INSTITUIÇÕES, SERVIÇOS, PROGRAMAS E PROJETOS SOCIOASSISTENCIAIS

Conhecer os processos de trabalho dos assistentes sociais e sua relação com a formação profissional, por meio do estágio, implica recordar a constituição da sua práxis dentro das esferas das políticas sociais setoriais, que são diretamente influenciadas pelas configurações sócio-históricas, estruturais e de conjuntura.

Estas, são fruto das múltiplas expressões da questão social, balizadas pelas relações de força entre Capital X Trabalho X Estado X Sociedade, em busca de respostas às mazelas sociais.

Sabendo que é prerrogativa do Estado articular e garantir a proteção social e a ordem social, uma das formas de efetivar esta função se dá por meio das Políticas Públicas, que têm como atores de sua operacionalização e criação o ente estatal e o privado.

> Recordando o conceito de Políticas Públicas, podemos inferir que são um conjunto articulado de ações, cuja finalidade é apontar recursos destinados a propor soluções às adversidades sociais.

Para atingir tal finalidade, unem-se as esferas pública e privada, na proposição de planos, metas e ações, voltadas ao interesse e bem-estar coletivo da sociedade, trazendo respostas efetivas e eficazes aos problemas cotidianos.

É importante lembrar que: embora a finalidade das Políticas Públicas seja garantir o bem-estar coletivo, há um jogo de interesses políticos estatais e individuais que acabam por expressar interesses particulares em detrimento do desejo e da necessidade coletiva, não exprimindo em sua totalidade a supremacia do interesse do povo.

Cabe mencionar ainda que não há Políticas Públicas sem participação popular. Pressionados pelos grandes detentores dos meios de produção, foi por meio das lutas da sociedade que logramos avanços e conquistas no que tange às Políticas Públicas e Sociais.

Em análise ao cenário do mundo do trabalho contemporâneo, pode-se dizer que há a tendência de especialização do trabalho e de potencialização de desempenhos. Esta propensão cria um cenário de atuação profissional, sobretudo ao assistente social, que, embora inter-relacionado, tende a levar os serviços e políticas a exercerem suas funções de forma autônoma, sendo cada nível/setor de atendimento responsável por seus mecanismos de ação.

Esta partição, se pensarmos no âmbito das políticas, remontam às políticas setoriais, que, no Brasil, têm seu cerne nas políticas industriais e comerciais na década de 1980, acentuadas na década de 1990, puxadas pelo setor automobilístico.

A fragmentação da atuação das Políticas, embora permita trazer especificidades e busque abranger e ampliar direitos, se não operacionalizada e pensada de forma macro, acaba por precarizar os serviços, acentuar mazelas e promover o desmonte de direitos.

Como profissionais, no mercado de trabalho optamos por sermos inseridos em áreas específicas de atuação, sejam elas na saúde, na educação, na assistência, na previdência e em tantas outras. Mas em nossa práxis cotidiana, nossas intervenções e proposições devem ser pautadas na articulação em rede e no movimento integrativo de Políticas para garantir que o usuário seja compreendido e atendido em sua totalidade, e não fragmentado por áreas/esferas de necessidade.

Ante o contexto sócio-histórico que temos vivido, exige-se do futuro profissional um conjunto de habilidades que sejam capazes de articular as dimensões teórico-metodológicas, ético-políticas e técnico-operativas, superando o conservadorismo profissional e produzindo conhecimento para a formulação de respostas às demandas sociais, mesmo ante a setorialização do trabalho.

Segundo as diretrizes da ABEPSS (2009), é somente por meio do rigor técnico científico que será possível atribuir uma nova dimensão interventiva e operativa da profissão. Isso pressupõe criticidade para colocar-se perante as situações cotidianas próprias dos projetos societários, com estratégias de ação pautadas nos princípios basilares da profissão, que são as proposições ético-políticas, técnico-operativas e teórico-metodológicas.

Mediante este estudo preliminar sobre o mundo do trabalho e o exercício profissional do assistente social, pode-se dizer que o estágio curricular como integralizador dos saberes apreendidos na academia e aproximador da prática, desvincula-se da simples percepção de que se estabelece com a finalidade de cumprir carga horária ou como mero constituinte de atividade obrigatória para formação profissional.

Conforme aponta a Política Nacional de Estágio da Associação Brasileira de Pesquisa e Ensino em Serviço Social (ABEPSS), no que tange à precarização das relações de trabalho no mundo contemporâneo e o processo de desmonte de direitos, relacionando a temática ao estágio curricular, pode-se dizer que:

> [...] a discussão do estágio supervisionado se coloca, ainda, como estratégica na defesa do projeto de formação profissional em consonância com o projeto ético- político do Serviço Social. Segundo Iamamoto (1998), somos desafiados a realizar reflexões críticas sobre o contexto e o processo de implantação e efetivação das diretrizes curriculares do Serviço Social, aprovadas pelo conjunto da categoria em 1996, justamente, quando os impactos da contrarreforma do Estado vêm avançando, ofensivamente, na política do ensino superior no Brasil e, em particular, no interior dos cursos de Serviço Social. (ABEPSS, 2009, p. 8).

Sendo um facilitador do processo de articulação entre os saberes, abrangendo a dimensão teórico-formativa do discente com aproximação da realidade social e das dimensões investigativas e interventivas, o estágio promove a capacitação profissional, direcionando o aluno para o olhar crítico e propositivo sobre a realidade social (dinâmica e complexa), por meio da apreensão da totalidade dos fatos e do vislumbre das contradições do mundo capitalista que se expressam na práxis.

2.2 A INTERLOCUÇÃO ENTRE TEORIA E PRÁTICA: UMA ANÁLISE DA REALIDADE SOCIAL

Realizar uma análise de conjuntura requer apuração dos fatos para além do senso comum, fazendo-se imperiosa a busca científica atrelada e aplicada a realidade social para obtenção de panoramas fidedignos a realidade, de forma que a leitura do território e das situações possam dar origem a ações efetivas e eficazes em suas proposições.

A interlocução entre a teoria e a prática é que vislumbra uma prática nova todos os dias, configurando e reconfigurando-se à medida que a sociedade evolui e traz consigo novas demandas e possibilidades de atuação.

É em meio às rápidas alterações sociais que o assistente social é chamado a participar da vida social, por meio da transformação de realidades que, em solo brasileiro, são tão ricas em cultura, diversidade e vastas em território.

Fato é que a prática deve moldar-se a realidade social, para que as técnicas e os instrumentos possam ser empregados conforme a necessidade local e demanda dos usuários.

Sabe-se que há muitas teorias, instrumentos, técnicas e proposições interventivas, contudo pode-se afirmar que a mais eficiente é aquela que pode ser aplicada a realidade vivenciada por você.

Desta forma, temos muitas propostas excelentes e que podem ser aplicadas, cabendo a cada estudante/profissional identificar qual melhor atende as necessidades dos seus usuários e do serviço/política ao qual está inserido.

Uma teoria sem prática é vazia, assim como a prática sem rigor técnico é senso comum. A realidade social para ser desvelada precisa ser observada a fundo, em riqueza de detalhes, na observância a sua complexidade e história, por meio da apropriação dos saberes e de olhares conjuntos, obtidos por meio da atuação interdisciplinar.

Estudantes e profissionais, não podemos acomodar nossa prática, reduzindo-a a mera rotina, caindo na cilada de não mais ter empatia junto ao usuário por termos tantas demandas que em tese parecem ser "repetitivas".

A cada dia somos novos seres humanos, fruto de nossas experiências de vida, o que incute dizer que cada atendimento realizado será novo e exigirá um novo olhar e uma proposição distinta, considerando as singularidades dos sujeitos. Por tanto, analisar a realidade social exige do observador uma postura crítica, ética, assertiva e que dialogue entre teoria e prática, fundamentando assim a análise e o processo de tomada de decisão.

2.3 ELABORANDO O RELATÓRIO DE CARACTERIZAÇÃO SOCIOINSTITUCIONAL

Após os conhecimentos preliminares a despeito do campo de estágio e as nuances apresentadas por cada um deles, disponibilizamos para visualização um *template* em formato de arquivo em PDF, já nas normas da ABNT, para você estudante e/ou profissional utilizem como norte para construir a caracterização socioinstitucional.

Reforço que cada Universidade possui um padrão, sendo o modelo aqui disponibilizado um guia para que você elabore o seu próprio trabalho. Para acessar o arquivo, basta apontar a câmera do seu celular no *QR Code* abaixo e clicar em *download* e o material será aberto para visualização:

CAPÍTULO 3:
ESTÁGIO II: A ELABORAÇÃO DO PROJETO INTERVENTIVO

O Estágio II dá início a um novo ciclo na jornada de formação profissional. É neste momento em que se começa de fato a intervir nas situações/demandas identificadas ao longo do Estágio I.

Nesta etapa, junto com o supervisor de campo, o estagiário é chamado a atender usuários, a discutir os casos, participar das reuniões e grupos e propor intervenções, além de passar a aplicá-las em campo, sempre sob o olhar atento do assistente social.

Ao longo desta etapa, o estagiário é convidado ainda a elaborar um projeto de intervenção que atenda as necessidades do público-alvo do serviço socioassistencial da qual ele está inserido, fazendo proposições a serem executadas por ele, pelo assistente social responsável e pela equipe multiprofissional/interdisciplinar quando ele adentrar ao Estágio III.

Neste capítulo nos dedicaremos a estudar os Projetos Interventivos, trazendo os conceitos e no final do estudo, uma indicação de modelo com as informações mais relevantes a serem apresentadas em um Projeto, o que facilita a visualização de como construir um projeto interventivo.

É importante salientar que cada projeto tem suas especificidades, por tanto, não teremos projetos iguais ou semelhantes, visto que cada comunidade, público-alvo e serviço possuem demandas próprias que irão conduzir a construção do projeto.

Desta forma, trazemos aqui boas práticas no âmbito do gerenciamento de projetos profissionais, aplicados ao serviço social, para serem um norte ao estudante e aos profissionais para a elaboração de projetos-ação.

3.1 CONHECENDO UM PROJETO DE INTERVENÇÃO

Dentre os múltiplos gêneros modais utilizados pelas universidades como instrumentos para o processo formativo dos alunos, temos, através do projeto interventivo, uma das possibilidades de materialização do saber.

Como parte dos componentes curriculares obrigatórios, dentro do Estágio II busca-se projetar o que Thiollent (2008) chama, dentro das pesquisas qualitativas, de pesquisa-ação. Segundo ele,

Pesquisa-ação é um tipo de pesquisa social com base empírica que é concebida e realizada em estreita associação com uma ação ou com a resolução de um problema coletivo e no qual os pesquisadores e os participantes representativos da situação ou problema estão envolvidos de modo cooperativo ou participativo (THIOLLENT, 2008, p. 16).

A chamada pesquisa-ação, também conhecida como pesquisa/Projeto Interventivo, constitui-se como uma estratégia, um método de pesquisa que se utiliza de técnicas de pesquisa social, com ações pensadas sobre a realidade social dinâmica, sobre a multiculturalidade e sobre a singularidades dos indivíduos, dos serviços, das comunidades e da realidade territorial como recorte de pesquisa para a transformação da realidade social.

Thiollent (2008), explanando sobre o tema, expõe que a intervenção precede a busca por soluções reais para as quais os procedimentos convencionais não têm emitido solução. Para ele, o principal objetivo da pesquisa/projeto é responder: de qual forma contribuir com os cidadãos e organizações, mas que, por outros meios, não seria possível?

Assim, a pesquisa, que tem caráter político, supõe uma forma de ação planejada, cujo caráter é educacional, técnico ou outro pré-estabelecido, proporcionando aos pesquisadores caminhos para responder às mazelas sociais por meio de diretrizes de ações transformadoras planejadas.

Thiollent (2008) comenta ainda que essa modalidade de pesquisa não se mantém presa aos conhecimentos específicos de uma categoria, mas dialoga de forma interdisciplinar, buscando aprofundamento teórico e rigor científico, modificando-se continuamente em movimentos de reflexão e ação conforme as alterações no cenário concreto da realidade social, ao invés de limitar-se a um saber/ação existente.

Nessa vertente, Pereira (2007) pondera que esse movimento contínuo dentro dos projetos inclui as fases de diagnóstico do problema central ao qual se busca intervir, a formulação de estratégias para proposições de resolução e a compreensão dos resultados após a intervenção para que o processo se inicie novamente na busca por resolubilidade das novas demandas que surgirem ao longo do processo.

Thiollent (2008) considera ainda que a pesquisa-ação configura-se como complexa e a sua realização não se enquadra em "receitas prontas", mas se constrói de forma única, levando em consideração cada caso e cada realidade.

Nessa linha, Franco (2005) acrescenta que o foco da pesquisa interventiva é o conhecimento da realidade social para a transformação, devendo o pesquisador ser conhecedor da pedagogia da mudança da práxis (FRANCO, 2005, p. 490).

Assim, podemos considerar que cada projeto interventivo constitui-se como único/singular, o que exige do pesquisador rigor científico em sua elaboração e aplicação mediante o adequado uso do embasamento metodológico, levando em conta que os participantes/público-alvo do projeto não são cobaias ou experimentos, mas sujeitos dotados de direitos e capacidades que desempenham dentro da pesquisa, com papel ativo.

Ao tratar de rigor científico, Barbier (2007, p. 60) menciona que ele "repousa na coerência lógica empírica e na política das interpretações propostas nos diferentes momentos da ação". Barbier (2007) também aponta que, nessa modalidade de pesquisa, devem ser aplicados rigores, como o da avaliação permanente, revisando a todo o tempo a ação e a implicação da dialética do pesquisador, considerando que ao mesmo tempo em que ele faz parte da ação como pessoa dotada de sentimentos, emoções, ideais e preceitos próprios, deve aplicar todo o rigor científico, analítico e crítico ante o objeto.

Segundo Thiollent (2008), o rigor científico em projetos de intervenção costuma ser mais flexível em detrimento das pesquisas de base tradicional. Isso porque, segundo o autor, geralmente as ações em projetos interventivos são realizadas através de reuniões, seminários, observações, entrevistas, dentre outras situações que configuram um espaço menos formal e de maior diversidade cultural e liberdade de expressão/manifestação.

Ainda que flexíveis, os projetos interventivos precisam ser alicerçados nos saberes metodológicos, éticos e políticos da profissão. Para tal, o estudante que irá aplicá-lo precisa constantemente recorrer ao seu projeto escrito, comparando-o à realidade da execução do projeto para identificar se de fato ele é efetivo, ou se é necessário adotar outra abordagem de ação.

É importante frisar que um projeto não é para o pesquisador, mas sim para aquele que receberá a ação interventiva, ou seja, o público-alvo. Portanto, podem existir lindos projetos no papel, mas se eles não exprimirem a realidade social do território/comunidade/público a que se destinam, de nada servirá. O pesquisador precisa estar em sintonia com os acontecimentos para identificar os problemas, levantar hipóteses e propor intervenções.

> "Uma pesquisa-ação chega ao fim quando o problema inicial é resolvido, se é que pode realmente sê-lo [...] uma pesquisa-ação, mais do que outra pesquisa, suscita mais questões do que as resolve. Ela incomoda os poderes estabelecidos" (BARBIER, 2007, p. 145-146).

No caso dos projetos interventivos do Estágio II, é possível que eles não deem conta de solucionar 100% das questões levantadas, uma vez que há restrição de tempo de execução e a realidade é complexa e mutável, bem como os sujeitos da intervenção são fruto do meio em que vivem e, assim, também são sensíveis às alterações e interações internas, que influenciam diretamente na aplicação e nos resultados do projeto.

Ainda que o projeto não traga soluções definitivas a todas as frentes levantadas, é certo que ele traz algum tipo de impacto sobre aqueles em que atua (seja positivo ou negativo).

Portanto, é importante avaliar se essas alterações são de curto, médio ou longo prazo, bem como fazer uma avaliação final dos participantes da ação para que se possa refletir e tirar as lições aprendidas, as boas práticas e os pontos de melhoria para projetos futuros.

Projeto interventivo para emancipação

Um projeto interventivo, em matéria de serviço social, deve ter por finalidade promover soluções às demandas da questão social identificadas no cotidiano profissional. Para tal, busca-se a emancipação dos usuários, com a finalidade da superação de vulnerabilidades.

Nesse caminho, Barbier (2007) classifica a pesquisa como libertadora, uma vez que:

> [...] A pesquisa-ação torna-se a ciência da práxis exercida pelos técnicos no âmago de seu local de investimento. O objeto da pesquisa é a elaboração da dialética da ação num processo pessoal e único de reconstrução racional pelo ato social. Esse processo é relativamente libertador quanto às imposições dos hábitos, dos costumes e da sistematização burocrática. A pesquisa-ação é libertadora, já que o grupo de técnicos se responsabiliza pela sua própria emancipação, auto-organizando-se contra hábitos irracionais e burocráticos de coerção (BARBIER, 2007, p. 59).

Assim, espera-se que as ações planejadas e operacionalizadas tenham por finalidade respostas efetivas e eficazes aos usuários e suas necessidades, para que esses sejam protagonistas de suas históricas, sem a necessidade de apoio social direto e contínuo.

Os estudos aqui realizados permitem concluir que cada etapa construída ao longo dos estágios é essencial se olharmos para o produto final, que é a entrega de profissionais aptos a intervirem na realidade social.

Esse caminho trilhado ao longo dos estágios conduz ao processo contínuo de observação, análise, construção e reconstrução dos saberes, das práticas, dos métodos, dos instrumentos e de tudo o que compõe a práxis, que necessita ser revisto dia a dia conforme as situações e o mundo requerem.

O desafio é acompanhar os movimentos e as transformações cotidianas, mas quando o estudante e o profissional se colocam em posição de revisão contínua e sistemática, torna-se possível.

Um dos métodos para tal é a execução de projetos que possibilitam intervenções individuais e em grupo, com respostas rápidas e efetivas às demandas profissionais. Participar desse momento possibilita ao estagiário vivenciar situações que precisará intervir futuramente como propositor e condutor das ações. Assim, aprender enquanto pode ter suporte de supervisores que possuem experiência e *know-How* é um privilégio que deve ser explorado e aproveitado.

3.2 ELEMENTOS CONSTITUTIVOS DOS PROJETOS INTERVENTIVOS

Como estudamos na seção anterior, os projetos interventivos possuem elementos constitutivos específicos, que conduzem o processo de elaboração dos projetos, sendo essenciais para o bom andamento das propostas.

Vislumbraremos aqui os elementos essenciais para a construção de um Projeto-Ação, apresentando cada um dos temas/itens que nele devem estar contidos, com suas respectivas explicações para, na próxima seção, propor um modelo norteador.

Para construir um projeto-ação, indico a elaboração/construção/definição dos itens na seguinte ordem: definição da temática central (problemática central); definição dos objetivos; metas; metodologia; apresentação da proposta; justificativa; público-alvo; recursos humanos; apoiadores/patrocinadores; cronograma de execução; orçamento e monitoramento e avaliação.

Apenas reforço que, a ordem narrada acima tem como finalidade nortear a construção da proposta, facilitando sua compreensão e a organização dos itens. Contudo, quando o trabalho é apresentado de fato à Universidade, estes itens são sumariados no documento em Word/PDF em ordens distintas das narradas, como você irá observar no modelo que apresentaremos na próxima seção. Isso não significa que está errado, ok? Trata-se apenas de cada Universidade definir o *template* de forma distinta, o que não altera o resultado.

Outro fator a ser considerado é que antes de iniciar a escrita de um projeto você já deve ter tem em mente o que pretende fazer. Apesar disso, é no momento da escrita que conseguimos observar mais a fundo a proposta, a coesão entre os itens e os ajustes a serem realizados.

Importa recordar que existem peças-chaves que antecedem uma proposta de ação, que são: as etapas do planejamento e a análise e viabilidade da proposta. Antes de materializar o projeto em si, deve ser verificado se a proposta é viável, se terá adesão do público-alvo, se haverá recursos (financeiros e humanos) para todo o período do projeto, quais riscos envolvem o projeto, quais serão os locais de aplicação e, volto a reforçar:

> Um projeto interventivo é feito para a população e em decorrência de suas necessidades. Desta forma, o projeto deve satisfazer não o pesquisador/propositor da ação, mas sim aqueles a que se destina a proposta. Caso contrário, lograr sucesso na proposição será algo distante de ser alcançado.

A falta de planejamento preliminar leva a erros de prin- cipiante que podem acarretar o insucesso da proposta. Acompanhe comigo um exemplo relacionado à falta de obtenção de informações preliminares: propõe-se a criação de um projeto para atendimento a comunidade cujo horário de atendimento acontecerá pela equipe do projeto às 15h. Ao executar a equipe se depara com a falta de adesão da comunidade. Ao buscar identificar o motivo da não adesão do público-alvo descobre-se que toda a comunidade trabalha no horário previsto da intervenção.

Consegue perceber como um dado básico pode levar ao fracasso do projeto? Desta forma, é imprescindível a coleta de dados preliminares para análise de viabilidade do projeto, evitando assim que o projeto fracasse ou nem mesmo saia do papel.

Acompanhe a seguir o percurso dos itens que compõem um projeto-ação/interventivo:

I. APRESENTAÇÃO

Neste item espera-se que o aluno apresente a proposta de intervenção de forma clara e concisa, abordando o seu tema, o planejamento para execução e qual o local escolhido para que ela seja desenvolvida, relacionando todas estas informações com o local de estágio ao qual se está inserido para a proposição deste Projeto.

Ao construir este trabalho você deve ter em mente que está planejando uma ação para determinada instituição. Pense como futuro assistente social!

Para planejar essa ação conte com livros, documentos oficiais da instituição escolhida, materiais impressos e demais fontes que sejam subsídio para a construção deste projeto.

Um item de fundamental atenção é que o tema escolhido para a intervenção deve ser pertinente ao curso, ou seja, ele deve refletir o que o assistente social tem como atribuições, uma vez que um dos objetivos deste trabalho é que o aluno compreenda como se dá a atuação profissional em campo.

Além disso, deve-se pensar em uma proposta que será por você executada e não delegar a outros profissionais a ação, visto que a intencionalidade é que você aprenda a práxis profissional.

II. JUSTIFICATIVA

Este é o momento de fundamentar teoricamente e justificar a proposta de intervenção por você escolhida. Com base na caracterização institucional realizada, no planejamento e apresentação propostos, bem como nas referências teóricas

sobre a especificidade da temática e do fazer profissional, respondam as seguintes perguntas sobre o projeto: Por quê? Para quê? Para quem?
Ou seja, por que devo realizar este projeto? Qual a finalidade de sua realização? A quem se destinará a ação? Descreva com riqueza de detalhes as informações, de forma que seu leitor compreenda a viabilidade do projeto, a real necessidade de sua idealização e as vantagens de sua aplicação.

III. OBJETIVOS

• **OBJETIVO GERAL**

O objetivo geral é o elemento central que resume e apresenta a ideia do trabalho acadêmico. Ele deve expressar de forma clara e sucinta qual é a intenção do projeto de intervenção aqui proposto. Por tanto, o objetivo deve ter em média 3 ou 4 linhas apenas. Nele deve estar contido a hipótese ou problema alvo da intervenção.

Pode-se dizer que este item é o mais importante de todo o projeto ação, visto que todos os demais itens contidos em um projeto dele decorrem. Assim, se eles estiverem mal elaborados, ou elaborados de forma equivocada, possivelmente todo o seu projeto deverá ser revisto. Isso porque, se os objetivos exprimem a finalidade da proposta, ao alterá-lo você deverá também alterar os demais itens do projeto, de forma que fiquem alinhados aos objetivos.

Os objetivos iniciam-se obrigatoriamente com verbos. Para facilitar o desenvolvimento da pesquisa de vocês vou deixar abaixo uma lista de exemplos de verbos produzida pelo Prof. Doutor Paulo Gomes Lima:

Verbos para formulação de Objetivos Gerais		
Conceituais	Procedimentos	Atitudinais
Adquirir conhecimentos para...	Demonstrar...	Apreciar
Adquirir autonomia para...	Desempenhar	Assumir atitudes para...
Analisar/Avaliar	Discriminar	Colaborar para...
Compreender	Estabelecer relações...	Cumprir regras...
Concluir	Falar	Demonstrar responsabilidade...
Conhecer	Organizar	Escolher
Desenvolver capacidade para...	Ouvir	Habituar-se
Dominar	Planejar	Interiorizar
Focalizar	Produzir	Mostrar autonomia para...
Generalizar	Traduzir	Mostrar interesse em...
Pensar sobre...	Usar	Socializar-se com...
Reconhecer	Usar	Valorizar
Refletir		

Fonte: Cf. Prof. Doutor Paulo Gomes Lima.

Exemplo de como escrever um objetivo geral:

> Realizar um encontro com as famílias referenciadas no CRAS que estão em descumprimento de condicionalidade para regularizar seus cadastros e divulgar os serviços.

• OBJETIVOS ESPECÍFICOS

Os objetivos específicos de um trabalho devem exprimir de forma mais detalhada os resultados que se pretende lograr através do projeto de intervenção. Eles devem estar diretamente ligados ao objetivo geral e devem iniciar com verbo. Como forma de facilitar a escrita dos mesmos, pense neles como se eles fossem passos para se atingir o objetivo geral. Em média estabelecemos de 3 a 5 objetivos específicos. Exemplo da escrita dos objetivos específicos:

- Contatar as famílias em descumprimento de condicionalidade na área de referência do CRAS para entrega de convite.
- Realizar um encontro com as famílias, proporcionando atendimento grupal e individual para regularização dos cadastros.
- Divulgar os serviços da rede socioassistencial para identificação de vulnerabilidades e potencialidades para eventuais encaminhamentos/intervenções.

IV. PÚBLICO-ALVO

Neste item deve ser descrito quem são as pessoas ou os grupos de pessoas que participarão das atividades, mais especificamente aquelas que estarão envolvidas diretamente no contexto do objetivo geral do seu projeto de intervenção.

São crianças? É destinado a adultos? Defina bem o público-alvo, delimitando a pesquisa. Veja que seu projeto deve ser passível de realização. Nesta perspectiva, elabore algo tangível, sem propostas mirabolantes, ok? Lembre-se: Antes um projeto pequeno executado do que um grande projeto no papel.

V. METAS A ATINGIR

Neste tópico devem ser apresentadas as metas, que qualificam e quantificam os objetivos, ou seja, para cada objetivo específico elencado devem ser traçadas ações (passíveis de execução) que, por meio de números ou qualidades objetivas, sejam capazes de delimitar o mínimo a ser atingido para cada objetivo.

É válido frisar que para definir as metas de um projeto é necessário ter clareza dos objetivos da intervenção, caso contrário elas não estão alinhadas com a proposta.

As metas possuem algumas características dentro de um projeto profissional. Uma das mais conhecidas é a SMART (*Specific, Meansurable, Attainable, Relevant e Time-Bound*), que define as metas como:

Specific, Measurable, Attainable, Relevant e Time-Bound – SMART

- Specific: em português, específico. Delimite bem seus objetivos e problemas elencados. Se sua meta for resolver vários problemas, é provável que ela dê conta de resolver nenhum deles. Mantenha direcionamento em suas metas para garantir os resultados.
- Measurable: as metas devem ser mensuráveis. Ou seja, cada meta deve ser quantificável para que você possa medir o progresso e o sucesso do projeto. Deixe de lado a subjetividade. Fuja de propostas cujos objetivos possam trazer respostas dúbias. Exemplo: qualidade de vida – é subjetiva. O que é qualidade pra um pode não ser para outrem. Deixe estes itens para outro momento do projeto.
- Attainable: as metas devem ser realistas, passíveis de execução. Com base nos recursos disponíveis, na experiência, no tempo, e no público-alvo, esta é uma meta alcançável?
- Relevant: certifique-se de que todas as metas se alinham com os objetivos elencados. As metas são o caminho a ser trilhado para o alcance dos objetivos propostos.
- Time-bound: para que um projeto seja válido, ele precisa de um início e um término bem definidos. Não existem projetos profissionais sem período pré-determinado, visto que essa é uma característica dos projetos

---

No exemplo de objetivos específicos que trouxemos aqui anteriormente, as metas poderiam ser expressas da seguinte forma:

Objetivo	Meta
Contatar as famílias em descumprimento de condicionalidade na área de referência do CRAS para entrega de convite.	Realizar visita domiciliar as famílias em descumprimento de condicionalidade na área de referência do CRAS para entrega de convite, atingindo no mínimo 60% do número de famílias identificadas no período de 25 dias.
Realizar um encontro com as famílias, proporcionando atendimento grupal e individual para regularização dos cadastros.	Organizar e realizar o encontro com as famílias em descumprimento de condicionalidade, obtendo ao menos 50% de presença do público-alvo para regularização cadastral. Caso não seja atingida a meta, deverá ser realizado novo encontro com dia e hora distintos, até que se atinja no mínimo 50% das famílias na soma dos encontros.
Divulgar os serviços da rede socioassistencial para identificação de vulnerabilidades e potencialidades para eventuais encaminhamentos/intervenções.	Durante o encontro com as famílias, divulgar ao menos 2 serviços de cada nível hierárquico da Proteção Social (Básica e Especial).

Em seu trabalho acadêmico, as metas podem ser apresentadas em forma de quadro síntese, como acima, ou descritas em forma de tópicos, uma a uma, devendo o aluno seguir as diretrizes específicas da Universidade que se encontra inserido.

VI. METODOLOGIA

A metodologia refere-se às estratégias empregadas para se atingir os objetivos. É o momento de descrever o que será feito e como será realizado, a partir de uma sequência lógica de ações. Neste item vocês devem detalhar as ações em etapas: emprego de técnicas, como pesquisa, entrevista, atividades individuais e coletivas.

Para a construção deste item, embasem teoricamente o método escolhido. Alguns autores falam especificamente sobre métodos sociais, como, por exemplo, a MINAYO e o PEDRO DEMO.

Em síntese a metodologia indica a escolha de um viés de estudo que busca através da aplicação de métodos, a produção de conhecimento, sendo o método relacionado ao caminho escolhido para atingir os objetivos.

VII. RECURSOS HUMANOS

Neste item vocês devem descrever quem são as partes envolvidas/interessadas na execução do projeto de intervenção, ou seja, os *Stakeholders*.

Devem ser listados todos aqueles que influenciam o projeto (positiva ou negativamente), apresentando suas funções dentro da proposta ação.

Exemplo:

Stakeholders	Função no Projeto
Patrícia	Líder representante da comunidade
Vitória	Coordenadora do Projeto
Maurício	Patrocinador

Assim como as metas, este item pode ser apresentado em forma de tabela ou em forma de texto corrido, seguindo cada estudante o padrão adotado por sua Universidade.

VIII. PARCEIROS OU INSTITUIÇÕES APOIADORAS (SE HOUVER)

Neste item deve ser descrito quem são as partes apoiadoras, patrocinadoras, convidados e outros profissionais que estarão envolvidos na execução do projeto em nível de diretoria, coordenação ou financiamento da proposta.

Este item pode ser apresentado em forma de tabela ou em forma de texto corrido, seguindo cada estudante o padrão adotado por sua Universidade.

Exemplo:

Parceiros/Instituições/ Patrocinadores	Função no Projeto
Companhia das Águas (nome fictício)	Empresa Patrocinadora
Instituto Juliana Probst (nome fictício)	Instituição Apoiadora
Gerencia de Operações da Proteção Social Especial – Prefeitura	Apoio Legislativo e Administrativo

IX. AVALIAÇÃO

No item Avaliação deve ser apontando como será o processo de avaliação do projeto executado, ou seja, nesta etapa será descrito qual método será utilizado para a verificação se os objetivos foram alcançados, se a metodologia contribuiu para atingir as metas, se houve envolvimento da demanda e da equipe técnica. Exemplo: será utilizada uma pesquisa de satisfação, a aplicação de um questionário aos participantes do projeto etc.

Lembro que a fase do monitoramento e da avaliação é tão importante quanto o estabelecimento dos objetivos do projeto. Se você pretende elaborar uma proposta, é essencial o estabelecimento de como ele será mensurado.

De nada adianta aplicar uma proposta e não identificar se ela foi alcançada ou não. É necessário pontuar que a avaliação não deve ser subjetiva, baseada na opinião de quem as executou, mas sim pautada na cientificidade e no rigor técnico.

X. CRONOGRAMA DE EXECUÇÃO

Chegou o momento de detalhar quando o projeto será realizado. O cronograma pode ser diário, semanal, quinzenal, mensal ou anual, a depender da proposta elaborada e do tempo previsto para a execução do projeto.

Exemplo:

Atividade	Mês de Execução		
	Agosto/21	Setembro/21	Outubro/21
Elaboração do Projeto	X		
Elaboração e Entrega dos Convites		X	
Execução da Intervenção			X

3.3 MODELO DE PROJETO INTERVENTIVO

Após o resgate teórico dos elementos constitutivos de um projeto-ação/projeto interventivo, disponibilizamos para visualização um *template* em formato de arquivo em PDF, já nas normas da ABNT, para que você estudante utilize como norte para construir seu projeto.

Lembro que cada Universidade possui um padrão, sendo o modelo aqui disponibilizado um guia para que você elabore o seu próprio projeto. Para acessar o arquivo, basta apontar a câmera do seu celular no *QR Code* abaixo e clicar em *download* e o material será aberto para visualização:

CAPÍTULO 4:
ESTÁGIO III: RELATÓRIO FINAL DE ESTÁGIO

Finalizadas as etapas iniciais de elaboração do projeto no Estágio II conforme os requisitos anteriormente citados, entra-se na terceira etapa formativa por meio do Estágio III, o qual propõe a fase de execução do projeto/ação e elaboração do relatório final de estágio.

DICAS: Tratando-se da execução e do monitoramento dos projetos interventivos, cabe atenção aos seguintes itens:

- Qual tem sido a adesão ao projeto?
- As atividades planejadas têm sido passíveis de realização?
- Foi necessário realizar ajustes durante a fase de execução?
- O projeto está atingindo sua finalidade?

- Está sendo realizado o monitoramento e a avaliação do projeto ao longo da execução?
- O projeto desvelou novas frentes de intervenção mediante a identificação de outras vulnerabilidades? Se sim, como vamos lidar com eles?
- A acolhida dos envolvidos está adequada?
- Estão sendo respeitados os princípios éticos, humanos e os direitos dos usuários?

Essas perguntas devem ser feitas a todo o momento da execução, e a reflexão, a análise e o monitoramento devem ocorrer ao longo das etapas do projeto com a finalidade de garantir que tudo o que foi planejado seja executado e identificar riscos potenciais para mitigação, eliminação ou transferência/aceite do risco

4.1 AVALIAÇÃO DO PERÍODO EM CAMPO: ESTÁGIO E CONSTRUÇÃO DA FORMAÇÃO PROFISSIONAL

O estágio deve oportunizar ao aluno o diagnóstico da realidade social e do ambiente organizacional, perpassando por todas as fases constitutivas da atuação profissional, ou seja, desde o momento de observação até a concretização da ação por meio dos projetos interventivos e suas respectivas avaliações finais.

Nessa conjuntura da formação acadêmica, espera-se que o estudante tenha desenvolvido todas as habilidades e técnicas necessárias para planejar, executar e avaliar as intervenções em campo.

Consolidando a formação dos discentes, o Estágio III, associado cumulativamente ao I e II, propõe, por meio da elaboração de um relatório final de estágio, a revisão sistemática dos fatos, das experiências e dos aprendizados vivenciados ao longo de todo o período de estágio.

Esse é o tempo de aplicar e avaliar o projeto de intervenção, pensado no Estágio II, e a hora de refletir sobre as suas fases (planejamento, execução, monitoramento, avaliação e lições aprendidas), potencialidades e desafios.

Para tal, a produção textual, que deve ser entregue nas normas da ABNT, deve conter uma breve introdução com a descrição do campo de estágio onde foi desenvolvido o projeto, elencando os principais aspectos e objetivos propostos pela instituição, o quadro técnico de profissionais atuantes e o nome dos supervisores.

O aluno deve ainda apresentar nesse documento a política setorial na qual se insere o campo em que esteve, as técnicas, os instrumentos, os encaminhamentos, os atendimentos e tudo o que foi viabilizado por meio dele, sempre respeitando os critérios éticos de proteção de dados sigilosos e a preservação de nomes de usuários ou detalhes específicos dos atendimentos prestados.

Por conseguinte, espera-se que o estudante sintetize e detalhe criticamente o projeto e a sua execução, mencionando o que foi planejado e comparando-o com a sua execução, apresentando data, hora e detalhes da execução, assim como os objetivos, o público-alvo, a metodologia utilizada, a adesão ao projeto, os resultados esperados e os obtidos, os impactos (positivos ou negativos) gerados com a aplicação do projeto e os instrumentos de avaliação utilizados.

No processo de avaliação e escrita do relatório final, devem ser respondidas perguntas, como:

- A execução do projeto atingiu sua finalidade?
- Houve benefício ao público-alvo da execução?
- O projeto identificou demandas reprimidas?
- O projeto respondeu aos anseios dos participantes?
- Os impactos gerados são a curto, médio ou longo prazo?

Todos esses questionamentos devem fazer parte da composição do conteúdo do relatório final, além de outras informações singulares de cada campo as quais o estagiário entender necessário serem adicionadas ao portfólio.

Para a construção desse relatório, é essencial o apoio dos supervisores de campo e acadêmico, que levarão os estudantes a refletir sobre todo o processo de estágio, conduzindo-os a uma abordagem crítica, ética e madura.

A produção textual final do estágio deve ser detalhada, possuir embasamento teórico e expressar em seu conteúdo todo o conhecimento e as técnicas apreendidas durante os estágios I e II, saindo do senso comum e da superficialidade de conteúdo.

Espera-se que o aluno demonstre domínio sobre a execução do seu projeto interventivo, sabendo avaliá-lo, bem como traçar novos rumos para as potenciais situações de vulnerabilidade identificadas ao longo do projeto. Além disso, o aluno deve apresentar rigor científico quanto às normas da ABNT.

Mediante as considerações expostas, é importante reiterar que o momento do estágio no curso de Serviço Social é de extrema relevância para o processo formativo acadêmico profissional, despertando no aluno saberes e direcionando-o para a sua futura práxis, preparando-o para atuar nas distintas e complexas situações que encontrará em seu cotidiano.

4.2 MATERIALIZANDO SABERES: EXPERIÊNCIAS, DESAFIOS, LIMITES E POSSIBILIDADES DO AGIR PROFISSIONAL

Após nossa jornada de estudos, chegamos à etapa final constituinte do estágio curricular supervisionado obrigatório: o momento de refletir sobre todo o ciclo de formação profissional apreendido em campo, por meio do estágio.

Após ter experienciado o processo de observação da realidade social, ter efetuado atendimentos, elaborado e aplicado um projeto interventivo e ter identificado como o profissional apropria-se dos instrumentos e técnicas para atuar em seu cotidiano, é hora de sistematizar em forma de relatório técnico todo o processo.

Em primeira instância, é preciso ressaltar os objetivos do Estágio III que é possibilitar uma análise reflexiva e avaliativa sobre tudo o que envolve o Estágio Supervisionado, apresentando os desafios, as potencialidades e favorecer o processo de monitoramento, avaliação do ensino, da aprendizagem, a extração das lições aprendidas e do resultado das proposições e uso dos aparatos instrumentais técnicos.

É também uma de suas finalidades refletir sobre a relação teoria *versus* prática, relacionando-as ao enfrentamento das vulnerabilidades e as nuances no mundo do trabalho contemporâneo, fazendo-se assim de extrema importância, a revisão de alguns conceitos e autores que explanam sobre a temática e que poderão auxiliá-lo na emissão do parecer final e na construção da análise do agir profissional, itens estes que devem ser adicionados ao seu relatório.

Incumbe retomar, por tanto, os ideais de trabalho e sua influência na categoria profissional. Karl Marx em suas inflexões, expressa que o trabalho é a essência do homem, sendo ele a marca da sua humanidade. Para ele, o trabalho modifica-se constantemente em função da época e do lugar em que é realizado, assim o homem através do trabalho produz sua história e sendo um ser social por ela é condicionado.

A partir destas premissas há que se indagar se o trabalho realizado da forma como conhecemos em nosso mundo contemporâneo ainda carrega consigo sua essência como "produtor da história da humanidade".

O discurso capitalista contemporâneo se empenha em quebrar a consciência de classe dos trabalhadores e, cria-se, a partir desta nova forma de ilusão do capital. Corrêa *et al.*, complementam que essa consciência alienada se concebe como uma venda aos olhos dos trabalhadores, tornando-os alheios aos processos de exploração, trabalho e a si mesmos. (CORRÊA; REIDEL; TELES, 2018, n.p.).

Essa subordinação aos interesses capitalistas se constitui uma contradição com as atribuições do Serviço Social no enfrentamento da questão social (antagonismo), mas reduzir o Serviço Social a um "braço do capital" limitaria em muito o sentido de atuação e intervenção crítica desta área, a qual perpassa por uma ampla rede de relações com outros atores e áreas na abordagem da questão social.

Nesta discussão em torno da natureza do Serviço Social, importa reter que há que se reconhecer o caráter de exploração a que o Assistente Social está sujeito, principalmente ao atuar em organizações privadas, como empresas e organizações sociais, as quais nem sempre objetivam o enfrentamento da questão social.

Por outro lado, esta especialização crítica, conferida através da graduação ao profissional, importa no compromisso e atuação ética, intervindo no seio da sociedade capitalista para diminuir as desigualdades sociais impostas por este modelo.

Em que pese as definições legais das competências e atribuições privativas do Assistente Social virem regulamentadas por lei, Matos (2015, p. 685) alerta que no contexto de neoliberalização do Estado, toda a classe trabalhadora vem sofrendo *"nos processos de privatização do público [...] [e com] a desregulamentação dos direitos trabalhistas por meio do projeto de terceirização"*, o que afeta também os Assistentes Sociais, na medida em que a precarização do trabalho abre frente ao desrespeito aos princípios fundamentais – do Código de Ética do assistente Social – e às garantias regulamentadas pela Lei nº 8.662/1993 (MATOS, 2015).

Iamamoto (2009) pondera que os Assistentes Sociais são os "executores terminais de políticas públicas" e suas competências, apreendidas por todo o processo de formação profissional, na contemporaneidade, passa a ter outras que estão sendo agregadas às atribuições do Assistente Social.

Nesta mesma linha, Torres e Lanza (2013, p. 208) enfatizam que o Assistente Social na contemporaneidade *"é chamado a ser planejador do processo da gestão [e] a executar a gestão das políticas sociais"*.

Estas novas atribuições ao exercício profissional contemporâneo exigem uma atenção maior na formação e qualificação do profissional, tais como:

O domínio de conhecimentos para realizar diagnósticos socioeconômicos de municípios, para a leitura e análise dos orçamentos públicos, identificando seus alvos e compromissos, assim como os recursos disponíveis para projetar ações; o domínio do processo de planejamento; a competência no gerenciamento e avaliação de programas e projetos sociais. [...] a capacidade de negociação, o conhecimento e o know-how na área de recursos humanos e relações no trabalho, entre outros. Somam-se possibilidades de trabalho nos níveis de assessoria e consultoria para profissionais mais experientes e altamente qualificados em determinadas áreas de especialização. Registram-se, ainda, requisições no campo da pesquisa, de estudos e planejamento, entre inúmeras outras funções (IAMAMOTO, 2009, p. 31-32).

Em que pese a inserção do Assistente Social em novas atribuições, Torres e Lanza (2013, p. 213) enfatizam que *"o exercício profissional é majoritariamente desenvolvido junto à população que vive em condição de vulnerabilidade social, mediante a realização de atividades voltadas à inclusão dessa população"*.

Assim, o desenvolvimento de novas áreas de atuação profissional para o Assistente Social tem sido visto como um avanço, conforme já mencionado, mas isso não pode e não deve enfraquecer a prática profissional junto ao público-alvo do Serviço Social.

Estas atribuições devem caminhar juntas, se complementando, a fim de que as políticas de enfrentamento às expressões da questão social sejam planejadas e executadas para melhor atender aos anseios de uma sociedade mais justa e igualitária.

REFLEXÃO: Mundo Contemporâneo do Trabalho e sua relação com o Relatório Final de Estágio

No decorrer do século XX, com as demandas impostas pelo capital, o Serviço Social vai assumindo novas formas de agir e de se posicionar frente à questão social. Assim, o mercado de trabalho oferece a oportunidade de atuação ao profissional em diversas frentes e políticas. Consequentemente, o estudante passa a acessar mais vagas de estágio em áreas por vezes inexploradas.
Essa abertura ao novo desafia os profissionais a acompanharem os avanços propostos pelo mercado de trabalho. Ao estudante, inserido nestes campos, cabe revisão sistemática teórica, instrumental, metodológica, ética e prática, para saber quais são os limites e possibilidades de sua atuação, levando em conta os preceitos legais.
Essa análise de conjuntura feita pelo estudante se materializa na resposta aos itens do relatório final de estágio, como o eixo reflexão sobre o agir profissional e a emissão do parecer final.

O breve estudo sobre o mundo do trabalho contemporâneo aqui apresentado possibilita o avanço para, enfim, traduzir o processo de realização do estágio em um documento técnico profissional preliminar, o relatório final de estágio.

Ao iniciar a transcrição dos aprendizados, experiências e análises, mantenha em mente a reflexão acima mencionada, para ter um olhar crítico e apurado sobre o campo.

4.3 CONSTRUINDO O RELATÓRIO FINAL DE ESTÁGIO

Destacados os objetivos do Estágio III, adentramos na fase de construção do relatório final de estágio, material produzido para conclusão desta etapa em campo que deve ser realizado juntamente com os supervisores de campo e acadêmicos, que irão direcionar os estudos e possibilitarão a experiência necessária e o embasamento teórico para o processo de escrita do trabalho.

Elaborar um relatório de estágio supervisionado requer uma reflexão sobre todos os estágios até aqui cursados, revisando os atendimentos, anotações em diário de campo, cada supervisão acadêmica e de campo, recordando aprendizados, técnicas e instrumentos apreendidos.

O processo de construção do relatório final implica em sistematizar os materiais, fazendo uma inflexão final sobre: o processo de trabalho, uma breve análise do mundo contemporâneo e as alterações na atuação profissional do Assistente Social, do processo de ensino e aprendizagem formativo, possibilitados pela Universidade e o Campo de estágio, os resultados obtidos com a intervenção e lições aprendidas.

Para tal, verificaremos quais são os elementos constitutivos basilares do relatório, como desenvolver cada um deles e de que forma o relatório deve ser apresentado.

Assim, iniciamos descrevendo os itens obrigatórios do trabalho que, de forma geral, são o padrão nas Universidades: capa, folha de rosto, sumário, introdução, desenvolvimento, considerações finais, referências e, como itens opcionais, anexos e apêndices (para apresentação de documentos institucionais, leis, fotos, registros etc.). Todo o trabalho deve ser entregue nas normas e padrões da Universidade e deve ser formatado nas normas da ABNT.

Como toda boa pesquisa, sua introdução deve conter o tema, os objetivos da pesquisa, o que será apresentado como conteúdo no relatório, quais são os subsídios utilizados para a sua construção e autores que embasaram a pesquisa.

Com o intuito de facilitar a compreensão dos elementos constitutivos do desenvolvimento do relatório, abaixo pontuam-se os itens que devem se fazer presentes em sua produção:
- Indicar se houve troca de campo de estágio;
- Apresentar os dados da Instituição Concedente;
- Inserir o Organograma Institucional;
- Apontar a Área de atuação da Instituição Concedente;
- Sintetizar as leituras dos documentos, leis, textos diversos, livros e periódicos;
- Detalhar a estrutura física, local de atendimento e processo de atendimento;
- Descrever as atividades realizadas com base no diário de campo;
- Descrever as entrevistas, atendimentos, visitas e ações para com os usuários;
- Apontar se houve participação em eventos realizados pelo campo de estágio;
- Descrever o Projeto de Intervenção;
- Apresentar a avaliação final do Projeto de Intervenção;
- Relatar a metodologia utilizada pelo Supervisor de Campo em seu processo de trabalho;
- Registrar o processo de Supervisão de Campo;

- Registrar o processo de Supervisão Acadêmica;
- Reflexão sobre o agir profissional;
- Emitir Parecer final do estagiário, dialogando com o plano de estágio.

Lembro que o relatório deve ser elaborado de forma dissertativa e não em forma de pergunta, sendo os tópicos aqui mencionados apenas um norte de construção do relatório, para facilitar o *check list* no momento da elaboração, tendo em vista ser um trabalho extenso.

Abordaremos agora, individualmente, cada um dos itens acima apresentados para esclarecer e detalhar a entrega deles. Observe abaixo:

- <u>Indicar se houve troca de campo de estágio:</u> caso o estagiário tenha permanecido em campo em mais de um local, em cada um dos itens, deve apresentar informações sobre todos eles. Destacando o local que esteve e em que período e estágio foi (I, II ou III).

DICAS: Pode o aluno realizar o relatório de duas instituições distintas?

Pode o aluno realizar o relatório final mesmo que tenha permanecido em campo em duas ou mais instituições. Neste caso, os relatos apresentados devem exprimir as experiências vivenciadas em ambos os campos de estágio, sendo todas as informações prestadas com base nas duas experiências, ou seja, deve o estudante apresentar duas caracterizações institucionais, dois pareceres finais, duas análises do campo, conforme se pede no material.

- Apresentar os dados da Instituição Concedente: neste tópico espera-se que o estagiário adicone o CNPJ do local, nome do serviço, endereço completo, telefone, nome do supervisor de campo com número do CRESS, horário de trabalho do assistente social, número de funcionários e breve relato da história da instituição. É necessário acrescentar ainda os dias e horários em que foi realizado o estágio e os seus dados pessoais.

- Inserir o Organograma Institucional: inserir o organograma da instituição e, após, realizar um breve relato sobre ele. Caso a instituição não possua organograma, deve o estudante elaborar o organograma juntamente com os supervisores de campo e acadêmicos.

- Apontar a Área de atuação da Instituição Concedente: nesta parte do relatório deve-se apresentar qual a área/política setorial que a instituição atua, os serviços prestados e comentar sobre eles, especificando ainda sua relevância para a comunidade local, seus projetos em vigência e um breve relato sobre eles, apresentando o público-alvo, objetivos e resultados das intervenções.

- Sintetizar as leituras dos documentos, leis, textos diversos, livros e periódicos: relacionando com a apresentação da área de atuação da instituição concedente, o estudante deve inserir as leis e documentos institucionais, embasando teoricamente, o que ampara as atividades da instituição de estágio, fazendo uma análise/síntese do material lido.

- Detalhar a estrutura física, local de atendimento e processo de atendimento: neste momento deve ser apresentada a estrutura física da instituição, descrevendo os locais de atendimento e a organização dos materiais sigilosos e documentos, bem como a forma de organização/planejamento dos atendimentos (sala de espera, agenda etc.), condições de trabalho e recursos. Após, analise se a instituição atende aos requisitos legais previstos na Lei de Estágio, na Lei de Regulamentação da Profissão e Código de Ética, Regulamento 533/08 e afins.

- <u>Descrever as atividades realizadas com base no diário de campo:</u> após elencar os itens referentes à caracterização socioinstitucional, inicia-se o processo de análise e detalhamento das ações realizadas em conjunto com o Assistente Social. Assim, com base nas anotações realizadas no diário de campo, descreva em detalhes as atividades e observações efetuadas ao longo dos Estágios I, II e III e demais informações que julgar importantes. Neste item, destaque se você realizava relatórios, atividades de rotina administrativa, atendimentos telefônicos etc. Mencione ainda as principais atividades desempenhadas pelo Assistente Social no campo, as demandas atendidas e quais as expressões da questão social manifestadas neste campo de atuação.

DICAS: Sigilo e Proteção de Dados

Ao elaborar o seu relatório final de estágio, esteja atento em não infringir o nosso Código de Ética. Para tanto, ao narrar os atendimentos, ações, projetos e intervenções, não escreva o nome dos usuários, nem exponha sua idade ou fotos. Isso porque, para tal seria necessário o consentimento do usuário e do comitê de ética, o que não é viável neste momento da graduação.

- Descrever as entrevistas, atendimentos, visitas e ações para com os usuários: neste item, detalhe como eram realizadas as entrevistas, atendimentos, visitas e demais ações, apresentando desde os agendamentos e planejamento das ações até a sua operacionalização de fato. Escreva onde eram efetuados, dia, horário, quantificação por dia e descreva o pós-atendimento (encaminhamentos, análises de ações, monitoramento, avaliação etc.).

- Apontar se houve participação em eventos realizados pelo campo de estágio: caso o campo de estágio tenha realizado eventos, conferências, seminários, festas e afins, narre o planejamento das atividades dizendo se houve a sua participação, quais os objetivos da ação, como foi a execução do evento, de que forma o assistente social contribuiu para a sua realização e se os resultados esperados foram obtidos.

- Descrever o Projeto de Intervenção: depois de explanar sobre as atividades em campo (atendimentos, participação em eventos e atividades administrativas), adentramos no momento de apresentar o projeto de intervenção realizado. Relembre os objetivos da ação, público-alvo, formas de avaliação e como foi a sua execução, apresentando dia/hora/local, número de adesões e apresente os dados finais coletados para a avaliação final do projeto. É válido lembrar que a retomada do projeto neste item não deve ser apenas *proforma*, mas deve servir de guia para a construção deste trabalho.

- Apresentar a avaliação final do Projeto de Intervenção: após o detalhamento do projeto interventivo, avalie como foi a sua execução, como foram realizadas as análises dos dados obtidos e qual a conclusão final pós-execução. Mencione as lições aprendidas, os pontos positivos, narre se tudo o que foi planejado foi executado, se foi necessário repensar a ação e quais serão os próximos passos a serem realizados no caso de identificação durante o projeto de novas demandas para atuação.

- <u>Relatar a metodologia utilizada pelo Supervisor de Campo em seu processo de trabalho:</u> descreva como é o método de trabalho do supervisor de campo, pontuando os instrumentos utilizados, como é efetuada a sistematização das informações, como ele seleciona as demandas e faz proposições, de que forma utiliza em seu cotidiano as leis e regulamentos para preservar, garantir e ampliar os direitos dos usuários para a sua emancipação. Descreva ainda quais são as atitudes frente ao antagonismo da profissão.

- <u>Registrar o processo de Supervisão de Campo:</u> adentrando na parte final do relatório de estágio, escreva como foi cada uma das supervisões de campo com tema, hora/local/data, frequência de realização, discussões, leituras, aprendizagens, dicas e relatos. Aponte se houve interlocução entre supervisores de campo e acadêmicos, qual o apoio prestado para a construção deste relatório e demais documentos acadêmicos e se foi estudado sobre o processo de trabalho do assistente social em campo. Não poupe detalhes nas narrativas.

- <u>Registrar o processo de Supervisão Acadêmica:</u> assim como mencionado acima no processo de registro das supervisões de campo, é fundamental descrever como se deram as supervisões acadêmicas, com qual regularidade, tempo, dia e local aconteceram, quais os assuntos tratados, se foi realizada a interlocução entre a teoria-prática e entre as disciplinas do curso, se foram sanadas dúvidas sobre a análise da realidade social, uso de instrumentos ou leis e qual o apoio prestado para a elaboração deste relatório final. Aponte ainda se houve contato entre os supervisores de campo e acadêmico, se ocorreram visitas do supervisor acadêmico ao campo e explique a diferença entre as supervisões.

- Reflexão sobre o agir profissional: o objetivo deste tópico é que o aluno relacione os conhecimentos obtidos através da análise de materiais, observação e agir em campo coletados durante o estágio, relacionando-os com as Legislações em vigência, como, por exemplo: Lei de Regulamentação da Profissão, Código de Ética Profissional, Lei 11.788/08, Regulamento 533 e dentre outros.

- Emitir Parecer final do estagiário, dialogando com o plano de estágio: após toda a revisão dos períodos em campo, descreva quais foram as suas percepções, como você avaliaria os serviços prestados e quais os maiores desafios identificados na prática. Reveja também o plano de estágio e identifique se o que nele consta está de acordo com o que foi experienciado, pontuando e analisando a completude do período de estágio referenciando quais as principais contribuições para a construção da sua identidade profissional foram logradas. Se você, estudante, esteve em mais de um campo, apresente as distinções entre eles e não se esqueça de emitir parecer para cada um deles.

Para fechar o documento técnico, que é o relatório final, o aluno deve apresentar as considerações finais. Nela deve ser sumariada as conclusões obtidas e apresentado uma avaliação final do processo de construção do material.

Findas as orientações teórico-práticas, incumbe lembrá-los da apresentação final do trabalho e das documentações pedagógicas obrigatórias.

A entrega do relatório final, como parte do cumprimento dos requisitos para aprovação final na disciplina de Estágio em Serviço Social III, não isenta os alunos da entrega dos documentos.

Assim, deve o aluno entregar todos os documentos conforme o padrão de sua Universidade, estando devidamente legíveis, sem rasuras, carimbados e assinados por ambos os supervisores e pelo estagiário.

Outro ponto a ser destacado é que cada estudante deve produzir o seu relatório, independentemente de estar cursando no mesmo local que outros colegas. Isso porque, cada um tem a sua percepção sobre o campo, bem como teve suas próprias experiências, aprendizados e supervisões individuais. Assim, nenhum dos trabalhos será igual, já que cada indivíduo possui um olhar sobre a realidade social.

É de ciência dos professores e supervisores que o relatório final constitui-se como um trabalho complexo, que demanda tempo para realização e que durante a sua construção surgem muitos questionamentos.

Por este motivo, recomenda-se que ele seja resultado de uma construção coletiva entre estagiários e supervisores. Após todo este percurso, haverá um novo olhar sobre a prática e sobre os conhecimentos obtidos ao longo dos semestres do curso. Este conhecimento apreendido e formativo aponta para como será a prática de cada um de vocês.

A bagagem aqui obtida aperfeiçoa-se dia a dia, por meio da experiência, da inserção em novos desafios e espaços sócio-ocupacionais e por meio do estudo.

Não se limitem em aprender o mínimo, mas busquem sempre aprofundar-se, descobrir novos meio de intervir e agir. Lembre-se que nosso trabalho é com vidas e há responsabilidade, sobretudo quando propomos.

CAPÍTULO 5: CONSIDERAÇÕES FINAIS

O estudo aqui proposto permite vislumbrar a relevância do estágio para a construção da identidade profissional e para o processo formativo.

A aproximação da teoria com a prática possibilita a interlocução de saberes e a materialização das técnicas, das teorias, dos métodos e instrumentos apreendidos, levando a identificação de boas práticas e possibilitando a extração das lições aprendidas para evitar "erros" ou práticas não efetivas futuras.

Conhecer a realidade vislumbra caminhos e novas possibilidades interventivas, bem como instiga a produção e aprimoramento dos saberes teóricos, que devem ser cada vez mais próximos da dinâmica e complexa realidade social.

O estágio, ponta pé inicial da práxis, indica caminhos para a atuação, trazendo a experiência imediata necessária para o desenvolvimento das ações enquanto profissional habilitado.

Elemento constitutivo obrigatório para obtenção do título de bacharel em serviço social, o estágio deve ser visto como chave no processo educacional, levando não somente o estudante ao conhecimento da prática, mas a revisão constante por parte dos atores envolvidos, sobretudo dos supervisores e professores que acompanham os campos.

Em sendo obrigatória a supervisão direta (acadêmica e de campo), incube aos supervisores possuírem habilidades e competências para a investidura na função, visto que são corresponsáveis no processo de formação de novos profissionais, lhes conferindo a obrigação ética moral, postulada pelo Código de ética, pela Lei de regulamentação da profissão e demais legislações pertinentes estabelecidas no ordenamento jurídico brasileiro.

Desta forma, os assistentes sociais, sobretudo os partícipes no processo formativo de discentes, carecem de cumprir com os requisitos legislativos, que preconizam a capacitação contínua, a busca pela ampliação dos saberes, técnicas e instrumentos, bem como a manutenção do rigor científico, trazendo inovações e propostas em prol de uma profissão capaz de intervir de forma efetiva, eficiente e eficaz frente às mazelas da questão social, por meio de profissionais qualificados para atuação no mercado de trabalho.

É importante frisar que o profissional do futuro se forma hoje. Assim, cabe a seguinte análise: como temos formado nossos estudantes? As grades curriculares atendem as demandas da realidade social? Nossos professores são competentes para os cargos? Os supervisores, tutores e demais atores no processo pedagógico universitário, realizam o acompanhamento dos estudantes? Estes estudantes investem tempo na leitura e na preparação para a profissão que desejam?

Estas indagações nos levam a refletir sobre como a profissão tem se constituído na contemporaneidade, quais caminhos tem trilhado e o que desejamos para o futuro.

Pensando em uma profissão dinâmica, ágil e que se torna nova todos os dias na medida em que o cenário econômico, político e social do país se altera, é preciso ter ciência que devemos não apenas acompanhar estas nuances, mas carecemos de nos colocar um passo à frente, para prevenir agravos e riscos sociais e para indicar alternativas viáveis ao desenvolvimento social sustentável da sociedade.

REFERÊNCIAS BIBLIOGRÁFICAS

ABEPSS. **Política Nacional de Estágio**. Brasília, DF: ABEPSS, 2009.

ABEPSS. O estágio e suas implicações na formação e no exercício profissional. **VI Seminário Nacional de Capacitação das COFIs**. Brasília, jul. 2011. Disponível em: http://www.cfess.org.br/arquivos/Apresentacao-cofi-abepss.pdf. Acesso em: 08.11.2021.

ABESS. CEDEPSS. Diretrizes para o curso de Serviço Social (com base no currículo mínimo aprovado em Assembleia Geral Extraordinária de 8 de novembro de 1996). **Cadernos ABESS**, São Paulo, p. 58-76, 1997.

ABREU, M. M.; CARDOSO, F. G. Mobilização social e práticas educativas. *In:* CONSELHO FEDERAL DE SERVIÇO SOCIAL. **O trabalho do assistente social e as políticas sociais**. Capacitação em Serviço Social e política social. mód. 4. Brasília: CFESS, ABEPSS, UnB/CEAD, 2009.

BARBIER, R. **A Pesquisa-ação**. Brasília: Liber, 2007. Tradução de Lucie Didio.

BAPTISTA, M. V. **A investigação em Serviço Social**. São Paulo: Veras, 2006.

BAPTISTA, M. V. **Planejamento:** introdução a metodologia do planejamento. São Paulo: Cortez, 1981.

BEHRING, E. R. (org.). Recomendações para elaboração do projeto de intervenção. *In:* INTERVENÇÃO E PESQUISA EM SERVIÇO SOCIAL. **Capacitação em Serviço Social e Política Social**. Brasília: UnB – CEAD, 2001.

BIANCHI, Anna Cecília de Moraes e ALVARENGA, **Marina**. **Manual de Orientação: Estágio Supervisionado**. 4. ed. São Paulo: Cengage Learning, 2009.

BRASIL. **Cartilha Estágio Supervisionado:** meia formação não garante um direito. Conselho Federal de Serviço Social. Brasília, 2012.

BRASIL. **Política Nacional de Estágio da Associação Brasileira de Ensino e Pesquisa em Serviço Social - ABEPSS.** ABEPSS, 2009. Disponível em: http://www.cfess.org.br/arquivos/pneabepss_maio2010_corrigida.pdf. Acesso em: 05.12.2021.

BRASIL. Código de Ética do/a Assistente Social. **Lei 8.662, de 13 de março de 1993.** Dispõe sobre a regulamentação da profissão. 9. ed. rev. e atual. Brasília, DF: Conselho Federal de Serviço Social, [2011]. Disponível em: http://www.cfess.org.br/arquivos/ CEP2011_CFESS.pdf. Acesso em: 08.12.2021.

BRASIL. **Lei 11.788, de 25 de setembro de 2008.** Dispõe sobre o estágio de estudantes. Brasília, DF: Presidência da República, [2008]. Disponível em: http://www.planalto.gov.br/ccivil_03/_ato2007-2010/2008/lei/l11788.htm. Acesso em: 08.12.2021.

BRAVO, M. I. S.; VASCONCELOS, A. M. de; MONNERAT, G. L. **Saúde e Serviço Social.** 2. ed. São Paulo: Cortez, 2006.

BURIOLLA, M. A. F. **O estágio supervisionado.** 7. ed. São Paulo: Cortez, 2011.

CARVALHO, Márcia H. O Serviço Social como trabalho: afirmação que ainda provoca debates no interior da profissão. In: **SIMPÓSIO MINEIRO DE ASSISTENTES SOCIAIS**, 4., 2016, Belo Horizonte. Anais [...]. Belo Horizonte: CRESS-MG; Abepss; Enesso, 2016. p. 1-16.

CAPUTI, L. **Supervisão de Estágio em Serviço Social: tempos de mundialização do capital - desafios cotidianos e (re)significados!** 2014. Tese (Doutorado em Serviço Social) - UNESP, Franca, São Paulo, 2014. Disponível em: http://www.franca.unesp.br/ Home/Pos-graduacao/ServicoSocial/lesliane-caputi-versao-final_salva-cdroom.pdf. Acesso em: 08.11.2021.

CAPUTI, L. Supervisão de estágio em Serviço Social: significâncias e significados. **Rev. Katálysis**, v. 19 n. 3, Florianópolis, 2016. Disponível em: https://doi.org/10.1590/1414-49802016.003.00009. Acesso em: 08.11.2021.

CFESS. **Resolução CFESS nº 533, de 29 de setembro de 2008.** Dispõe sobre a regulamentação da supervisão direta de estágio no Serviço Social. Brasília, DF: CFESS, [2008]. Disponível em: http://cresspr.org.br/wp-content/uploads/arquivos/resolucaocfessn5332008.pdf. Acesso em: 08.11.2021.

CFESS. **Resolução CFESS nº 588, de 16 de setembro de 2010.** Dispõe sobre a revogação do inciso do artigo 28 da Consolidação das Resoluções do CFESS nº 582/2010, de 01 de julho de 2010, reordenando tal disposição para que passe a vigorar na forma da presente Resolução. Brasília, DF: CFESS, [2008]. Disponível em: http://www.cfess.org.br/arquivos/Res_CFESS_588-2010.pdf. Acesso em: 08.11.2021.

COFI/CFESS (org.). **Meia formação não garante um direito.** [2014]. Disponível em: http://www.cfess.org.br/arquivos/BROCHURACFESS_ESTAGIO-SUPERVISIONADO.pdf. Acesso em: 12.11.2021.

CORRÊA, LAÍS D.; REIDEL, TATIANA; TELES, HELOÍSA. **Metamorfoses no trabalho e seus impactos à classe trabalhadora.** 2018. Disponível em: https://editora.pucrs.br/acessolivre/anais/serpinf-senpinf/assets/edicoes/2018/arquivos/57.pdf. Acesso em: 12.11.2021.

CRESS/RJ – CONSELHO REGIONAL DE SERVIÇO SOCIAL. **O que você precisa saber sobre ESTÁGIO em Serviço Social? Orientações éticas e legais.** [2021]. Disponível em: https://www.cressrj.org.br/wp-content/uploads/2020/05/cartilhas-o-que-voce-precisa-saber-sobre-estagio-em-servico-social-orientacoes-eticas-e-legais.pdf. Acesso em: 08.11.2021.

FALEIROS, V. P. **Saber profissional e poder institucional**. 4. ed. São Paulo: Cortez, 1979.

FORTI, V.; GUERRA, Y. D. Na prática a teoria é outra? *In:* FORTI, V; GUERRA, Y. D. (org.). **Serviço Social:** temas, textos e contextos. Rio de Janeiro: Lumen Juris, 2009.

FRANCO, M. A. S. **Pedagogia da pesquisa-ação**. Educação e Pesquisa, São Paulo, v. 31, n. 3, p. 483-502, 2005.

GONÇALVES, A. S.; GUARÁ, I. M. F. R. Redes de proteção social na comunidade. *In:* GUARÁ, I. M. F. R. **Redes de proteção social**. São Paulo: Associação Fazendo História: NECA; Associação dos Pesquisadores de Núcleos de Estudos e Pesquisas sobre a Criança e o Adolescente, 2010.

GUERRA, Y. **A instrumentalidade no trabalho do assistente social**. [2007]. Disponível em: http://www.uel.br/cesa/sersocial/pages/arquivos/GUERRA%20Yolanda.%20A%20instrumentalidade%20no%20trabalho%20do%20assistente%20social.pdf. Acesso em: 12.11.2021.

GUERRA, Y. No que se sustenta a falácia de que na prática a teoria é outra? **Comunicação oral:** ensaio teórico. [2021]. Disponível em: http://cressrn.org.br/files/arquivos/5psf5T389obx1M5sq112.pdf. Acesso em: 12.11.2021.

IAMAMOTO, M. V. **O Serviço Social na contemporaneidade:** trabalho e formação profissional. São Paulo: Cortez, 2005.

IAMAMOTO, Marilda V. **Os espaços sócio-ocupacionais do assistente social**. 2009. Disponível em: http://dns.ts.ucr.ac.cr/binarios/pela/pl-000566.pdf. Acesso em: 12.11.2021.

LEWGOY, Alzira Maria Baptista. **Supervisão de Estágio em Serviço Social: desafios para a formação e o exercício profissional**. São Paulo: Cortez, 2009.

NETTO, J. P. **Capitalismo monopolista e Serviço Social**. São Paulo: Cortez, 1992.

OLIVO, Luis C. C. de. Organizações Sociais. In: _____. **As Organizações Sociais e o novo espaço público**. Florianópolis: FEPESE/Editorial Studium, 2005, p. 15-43.

PEREIRA, K. Y. L.; TEIXEIRA, S. M. Redes e intersetorialidade nas políticas sociais: reflexões sobre sua concepção na política de assistência social. **Textos & Contextos**, Porto Alegre, v. 12, n. 1, p. 114-127, jan./jun.2013. Disponível em: https://revistaseletronicas.pucrs.br/ojs/index.php/fass/article/download/12990/9619/. Acesso em: 12.11.2021.

PEREIRA, E. M. de A. Professor como pesquisador: o enfoque da pesquisa-ação na prática docente. *In:* SERALDI, C. M. G.; FIORENTINI, D.; PEREIRA, E. M. de A. (Org.). **Cartografias do trabalho docente:** professor(a)-pesquisador(a). Campinas: Mercado das Letras; ALB, 1998. p. 153-182.

RODRIGUES, M. L. **Ações e interlocuções:** estudos sobre a prática profissional do assistente social. São Paulo: Veras, 1998.

RUFINO, L. G. B.; DARIDO, S. C. A Pesquisa-Ação como forma de investigação no âmbito da Educação Física Escolar. **Anais IV SIPEQ**. ISBN n. 978-85-98623-04-7. Disponível em: https://arquivo.sepq.org.br/IV-SIPEQ/Anais/artigos/89.pdf. Acesso em: 08.11.2021.

SANTOS, G. R; MANCINI, M. V. D. V; NEVES, V. S. P. A. Supervisão direta de estágio e os instrumentos normativos: reflexões sobre a formação e o exercício profissional no Serviço Social. **Revista Serviço Social em Perspectiva**, Montes Claros, v. 4, n. 2, p. 22-44, jul./dez. 2020. Disponível em: https://www.periodicos.unimontes.br/index.php/sesoperspectiva/article/view/2569/3242. Acesso em: 08.11.2021.

SEBRAE. **Políticas Públicas:** conceitos e práticas. Belo Horizonte: Sebrae, 2008. Disponível em: http://www.mp.ce.gov.br/

nespeciais/promulher/manuais/MANUAL%20DE%20POLITICAS%20PÚBLICAS.pdf. Acesso em: 08.11.2021.

SERRA, R. M. S. **A prática institucionalizada do Serviço Social:** determinações e possibilidades. 4. ed. São Paulo: Cortez, 1987.

SANTOS, Sandra Aparecida Silva dos. **Prática de Estágio – Relatório Final.** Curitiba: Contentus 2020.

TORRES de ALENCAR, Mônica M. **O trabalho do assistente social nas organizações privadas não lucrativas.** 2009. Disponível em: http://cressrn.org.br/files/arquivos/4UkPUxY8i39jY49rWvNM.pdf. Acesso em: 08.11.2021.

THIOLLENT, M. **Metodologia da Pesquisa-ação.** São Paulo: Cortez, 2008.

VASCONCELOS, A. M. **A prática do Serviço Social:** cotidiano, formação e alternativas na área de saúde. 3. ed. São Paulo: Cortez, 2006.